諷詩調詩集 · 40

풍諷계戒집集 · 7

박진환 제58시집

지성 · 감성의 메타언어
조선문학시인선 · 376

諷詩調詩集 · 40

풍諷계戒집集 · 7

조선문학사

■ 책머리에

풍시조(諷詩調)는 상반의 균형을 이끌어내는 아이러니의 미학이다.

2014년 初夏

박 진 환

박진환 제58시집 / 諷詩調詩集 · 40

풍諷계戒집集 · 7

차례

남의 일만은 아니거든

목숨 구하려면 팔도 다리도 잘라내는 것이 인술
정권 유지하기 위해서도 정치 수족 잘라야 통치
정치도 목숨과 같아서 자르고 도려내는 북녘, 남의 일만은 아니거든

둘 다냐?

국정원 트위터 글 2천 2백만 건 사실이라면

4천만 국민 반 이상이 사찰된 셈

놀래 경기해야 하나? 분노에 치를 떨어야 하나? 둘 다냐?

폐병 창궐할 판

이름값도 못한 대설, 눈 안오고
반공식별구역 무시하고 날아온 눈 아닌 중국발 미세먼지
초겨울에 이 지경이면 오는 봄 황사엔 폐병 창궐할 판

못 면하고

먼 사촌보다 가까운 이웃이 더 낫다던데 쓸데없는 소리
가까운 일은 군국주의 망녕 되살아나 밥맛 떨어지게 하고
중은 미세먼지 날려보내니 숨통죄어 바튼기침 못 면하고

맞아떨어졌소

남아공 만델라 대통령 서거로 민주화 큰 등불 꺼졌다던데
꺼져 캄캄해도 좋으니 이 땅에도 민주화 등불 켜봤으면
켜본 일 없으니 꺼질 일 또한 없는, 이상 선생 오감도 맞아떨어졌소

동물의 왕국이지

땅에도 섬에도 바다에도 공중에도 영역표시
허긴 머잖아 달·별에도 영토권 행사할 판 아닌가
헌데 인간이 하는 짓 어디서 많이 봤거든, 아마 동물의 왕국이지

금(禁)도 그을 줄 알아야

반공식별구역이다, NLL이다, 우리 섬이다, 하늘에도 바다에도
세상이 온통 선으로 금 긋기가 한창인데 잘만 그어봐
線이 善 되고 금이 金 돼, 허나 넘어서는 안될 禁도 그을 줄 알아야

탈선한 게야

하늘, 바다 섬에만 금 그어 내 것 네 것 싸울 게 아니라
넘봐서는 안될 금 아닌 禁도 마음에 그을 줄 알아야
북녘 장선생 봐, 禁 어겨 탈선한 게야

사시나 안 될지

원님 지나간 뒤에 나팔 분다 했던가, 틀린 말 아닌 것이
요즘 우리 처지, 뒷다리 긁는 일 많아서
잘못하다간 훔쳐보고 넘보다 옛 버릇 도져 斜視나 안 될지

금 신세도 되거든

한·미·일, 중·북녘, 당·청, 여·야가 편 갈라 금 긋기
금이란 게 넘어서는 안 될 禁도 되나 잘 지키면 金
잘못 지키면 우리가 돼 갇히는 禽 신세도 되거든

안 그어도 복 터져

마음에 금 하나 긋고 살 일이다, 넘봐서는 안 될 금
헛발질 못하게 중심 잡아주는 탈선방지 선
잘만 그어 봐, 금이 金, 線이 善 돼 안 그어도 복 터져

겨울비

중야비가를 잘못 알고 흉내하는 것일까

중야는 밤중이고 비가는 슬픈 노래여서 따라 우는 걸까

비자만 들어가면 겨울 아닌 울겨 울겨, 고금비 흉내하는 겨울비

※ 중야비가(中夜悲歌) : 밤중에 들리는 슬픈 노래.

※ 고금비(鼓琴悲) : 거문고를 뜯으며 슬퍼한다는 말.

등에 지지 않을지

야 의원 부정선거 책임지고 대통령 물러나라 하고
새누리당 창당 멤버들 당 비판하며 등지던데
흉한 벌레 모로 긴다는 말도 함께 등에 지지 않을지

폭력의 시대여서

덕이 없어도 복종하는 자가 많으면 스스로 다친다
풀이하면 폭력으로 굴복시킨 자는 자멸한다는 뜻쯤
헌데 공자적 이 말씀, 지금은 덕의 시대가 아닌 폭력의 시대여서

이미 죽었음이다

실언보단 침묵이 낫고, 침묵보단 진실을 말함이 더 낫다
헌데 세상은 실언 아니면 침묵
진실이 살아있지 않음이거나 이미 죽었음이다

물고 다니다니

험구의 막말에 언어의 폭력에, 언어의 살인까지
이쯤이면 말이 곧 흉기요, 혀가 곧 칼이나 총이 됨이 아니던가
대포 · 미사일 · 핵으론 부족해 입에 살상용 무기를 물고 다니다니

목숨의 조건이구나

언어의 흉기에 살인 못 면한다면 죄가 있음인가? 덕이 없음인가?
죄가 없고 덕이 있어도 살인 이루어질까?
유전무죄 무전유죄이듯이 있고 없음이 목숨의 조건이구나

다른 게 옳은 거거든

탈원전 추세가 세계 추세인데 코리아는 달라
7기쯤 더 건설한다니 그냥 다른 게 아니라 왕달라
뾰족한 대체수단이 없으니 다른 게 옳은 거거든

한심한 처방

중 스모그 코리아에선 예방에 총력전인데
정작 당사국인 중국은 군사목적에 유용하다고? 허니
공조는 글렀고, 처방전이 사전예보라니, 처방치곤 한심한 처방

낙법도 알아야 하는 건데

일 아베, 아베노믹스 덕으로 인기 상승이더니 1년도 못가 하향그래프
오르면 내리고, 내리면 올라가는 것이 자연의 법도인데
등태산이소천하라 했던가, 낙법도 알아야 하는건데 그걸 모르니

※ 등태산이소천하(登太山而小天下) : 높은 산에 올라보니 세상이 작게 보인다는 뜻으로 높은 자리에 오르면 사람을 얕본다는 뜻.

새끼줄만 꼬아서

여의도 1번가는 나라살림 맡아서 하는 머슴들의 사랑방
모였다 하면 입씨름, 삿바싸움 즐기는 일 말곤
꼬이곤 풀릴줄 모르는 정략의 변증법으로 새끼줄만 꼬아서

공갈이라니

여의도는 입씨름판, 터진 입이라고 가래침 뱉듯 설전 일삼는
모래밭 씨름판 아닌 진흙탕 이전투구
투구나 썼으면 기사답지, 헌데 칼 아닌 갈공 휘두르며 공갈이라니

선도 물려죽거든

호랑이에게 물린 일산동물원 사육사 끝내 숨졌어
호랑이만 그러나, 개도 사나운 개는 주인 물어
짐승만이 아녀, 짐승만도 못한 인간의 이빨에 선도 물려죽거든

싸움 아니던가

쌔근쌔근, 아장아장, 방긋방긋 어린 천사
씩씩, 걷어차기, 붉으락푸르락, 커갈수록 드러내는 악마의 본성
본성 드러내 싸우는 아귀다툼, 산다는 것이 악과의 싸움 아니던가

분수 밖의 것이어서

행복하냐고?

행복이란 거 있기는 있는 건가

설혹 있다손 쳐도 분수 밖의 것이어서

현명함인가? 어리석음인가?

한해도 또 약속에 속고, 정치에 속고, 세상에 속고, 나에게 속았다
속는 자는 속지 않는 자보다 현명하다던데, 양두구육의 세상에
속이지 않고 속고 살았으니 현명함인가? 어리석음인가?

※ 양두구육(羊頭狗肉) : 양고기를 걸어놓고 개고기를 판다함이니 일종의 속임수를 일컫는 말.

미운 여심(與心) 달램일까?

한길가 목로주점 외로운 한 나그네, 한잔 술 앞에 하고

늦도록 시름 겨운 야심한 밤 잠못 이루는 野心

가정맹어호 험한 시절 탓함일까? 旅心으로 미운 與心 달램일까?

※ 가정맹어호(苛政猛於虎) : 가혹한 정치로 인해 백성에게 끼치는 해는 범의 해보다 크다는 예기에 나오는 말.

탓이거든

국채를 훨씬 뛰어넘는 공공기관의 부채
얼마나 멋대로 써버렸기에 빚쟁이 신세 됐을까?
공공기관이란 게 실은 공돈 쓰는 공자 들어간 탓이거든

국민의 주머니 털어갈 게 아닌가

빚만 지는 공공기관 차라리 없애버리고
소속 부처에 국 하나 늘려 편입시키면 어떨까
빚이 국채보다 많다니, 결국 국민의 주머니 털어갈 게 아닌가

영광이라니

한국인 성인 3분의 2가 음주위험군에 속한다고
날마다 두주불사 처마시는 나도 끼어 있겠지
항상 열외 인간으로 외롭더니 3분의 2 대열에 낀 영광이라니

참말 할 줄 아는 이도 있었어

오바마 전 참모였던 자누지, 북핵 보유 인정해야 한다고
동맹·혈맹 앞세워 잣대 달리하는 거짓말만 할 줄 알았더니
아니었어, 스노든을 비롯해 참말 할 줄 아는 이도 있었어

단단히 병들었네

한국인 성인 3분의 2 음주위험군이라던데

술만 그러겠나, 마약 · 도박 · 성 · 체병 · 불량식성도 그러겠지

3분의 2를 뺀 나머지만 성하단 뜻인데 단단히 병들었네

미쳤구먼

모 상조회사 광고란 것이 돈 잘 번다고 와서 확인해 보라데
몇 푼 번다고 자랑인지 모르지만
백수들 하는 말 “미치겠네”가 아니라 “미쳤구먼”

고갯짓

북녘, 장성택 처형에 얽힌 쿠데타, 염문, 반국가행위 등 충격보도
권력은 그 누가 행사한다 해도 그 자체에 있어서는 악이라던데
북녘 지켜보며 비정의 권력에 가로저어보는 고갯짓

한번쯤 새겨봤으면

남이 잘되면 축하해주고 잘못되면 위로해주는 것이 정도인데
잘되면 배 아프고 잘못되면 고소하니, 정도는 무슨놈의 정도
북녘 장성택 처형 지켜보며 정도의 의미 한번쯤 새겨봤으면

더 낫지 않겠나?

사람이 원수를 가장 사랑할 때는 그가 죽었을 때라던데
죽어서 사랑 받는 것보다야 원수로 사는 것이 더 낫고
사랑받지 못할지라도 원수로 살지 않는 것이 더 낫지 않겠나?

떠올리는 말

권력의 비정, 권력의 무상, 권력의 잔혹
북녘 지켜보며 떠올리는 말
호부우와 할호

※ 호부우(虎負嵎) : 호랑이가 산모퉁이에 의지해 있으면 그 용맹을 당할 수가 없다는 뜻으로 영웅이 한 지방에 할거함을 비유한 말.

※ 할호(瞎虎) : 한 눈 먼 호랑이란 뜻으로 잔인한 사람을 이르는 말.

포용력이 없어서

대선 1년 보수의 쓴소리 중 야에 맞대응 대신 포용력 발휘 희망
포용까진 안 바래도 포용은 미덕 중 미덕, 이를 두고 페트라르카 왈
미덕만이 영원한 명성에 값한다 했던데 포용력이 없어서

다르지 않아서

박근혜 정부 1년 중 잘한 것 중 으뜸인 것은 외교활동
헌데 잘한 것 끝에 전망에 대한 의구심이란 꼬리 달았데
의구심이란 게 차신차의와 다르지 않아서

※ 차신차의(且信且疑) : 민음직하기도 하고 의심스럽기도 함.

가장 높았거든

새정부 구호 1호 경제민주화 잘돼 가는 줄 알았더니
지지층 보수 평가 중 쓴소리 이유 있었네
경제민주화 평가점수 A, B 아닌 C가 40여 %로 가장 높았거든

더 법적이 아닌가

미, 북 장성택 처형 두고 잔혹 운운하던데
범법자 총살은 어느 나라 법에도 있는 법
죄 없는 사람 무차별 총질 살해보다야 더 법적이 아닌가

아닌 것 같아서

북녘 장성택 처형 냉혹·무모하다고?
미국방의 말씀이니 어련하겠소마는, 사돈네 남말한 건 아닌지
잦은 미국민 총기난사 살인사건도 온정·유모는 아닌 것 같아서

악법도 법이어서

로마에 가면 로마법을, 미국에 가면 미국법을 따라야 하듯
북녘에 가면 북녘법을 따라야하는 게 방헌 때문 아니던가
허나 법의 살인보다 더 대죄는 없다던데 악법도 법이어서

※ 방헌(邦憲) : 나라의 법.

옛분들 말씀 떠올라서

매스컴마다 장성택 처형으로 연일 덧붙이고 덧붙이는 도배
그 말이 그 말이고 그 말이 그 말이던데, 그리 치장이 심해서야
이를 두고 양질호피라 했던 옛분들 말씀 떠올라서

※ 양질호피(羊質虎皮) : 제 본바탕은 좋지 못한 것이 겉만 그럴 듯하게 꾸민다는 뜻.

다행인 게지

국민연금 임의가입자 30%가 줄었다던데, 당연한 거 아냐
강제에도 말 안 듣는 고분고분은 옛말인데, 임의라니
어림없지, 더나 안 떨어지면 다행인 게지

그래선데

한일 지형 생김새, 한반도는 흡사 토끼형이고 일은 누에 형상
토끼는 뾸날일 없으니 양순하고 누에는 식성이 강해 섬 갉아대고
그게 천성이니 어쩌나, 일 섬이라면 죄다 탐하는 건 그래선데

고질병 같은 것이어서

북녘 권력서열 뭐 그리 궁금한데
천하가 변해도 김정은 까딱없어
높낮이 따지는 버릇, 그게 고질병 같은 것이어서

좁은문일 밖에

대학 실용음악학과 500~600대 1 경쟁률

젊은이들 꿈 중 꿈이 가수란 반증인데, 허긴 밑천 없어도 목소리로

먹고 살고 돈 벌고 너도나도 go go go 몰려드니 좁은문일 밖에

상황이 그래

KTX에서 전철로, 전철에서 버스로 파업 이어지면
교통대란 불 보듯 뻔한데, 불 보고도 소방차가 없으니
설혹 있다 해도 버스에서 소방차로 안 번질지, 상황이 그래

대화 불가 오래인데

미 전 주한대사 그레그, 북핵문제 대화로 풀어야 한다던데
어쩐다, 한쪽은 불통에 침묵
한쪽은 핵으로 말하고자 하니, 대화 불가 이미 오래인데

말하란 거지

산상에서 피켓들고 안개속 국회 · 푸른집 바라보며 외치는 항변
응답하라, 응답하라 외치는 어느 신문 만평 그림, 무슨 응답 원할까?
언제 정치 안개 걷히고, 언제 쨍하고 해 뜨느냐 말하란 거지

다르지 않거니

모든 사회의 역사는 계급투쟁의 역사, 높이가 있기에 계급이 필요
해서 인생은 그 높이에 오르려한다는 니체와 마르크스의 말
북녘 서열에 궁금해 하는 남녘의 관심도 그와 다르지 않거니

대리만족은 아닐지

북녘 서열 꽉 짜여졌던데 모두들 궁금증 풀렸을까
실은 이제부터가 궁금증 자극, 관심 집중인데
이 관심, 높이에 오려는 보상심리거나 대리만족은 아닐지

길을 두고 길을 잃다니

사통오달, 동서남북으로 길 열려 있어 철마 달리는데
KTX 파업으로 길이 막혀 출구마저 차단된 불통 또 있었네
세론들 막힌 길 터줘야 한다고 입 모으던데, 길을 두고 길을 잃다니

왜 떠올릴까

한국 국방, 내년 1~3월을 북녘도발 가능성으로 점치던데
국민을 다스리려면 항시 전쟁을 예비하라는 마키아벨리의 이 말
차제에 왜 떠올릴까

야만성으로 변해서

연예인 성매매 사건 도마 위에 오르던데
죄가 있다면 얼굴 예쁜 죄, 미에 유혹되는 게 자연성이거든
자연성이면 좋은데 돈 남아돌면 자연성 야만성으로 변해서

긍정으로 바뀌는 게 정치여

정치란 게 긍정과 부정이 나란히 존재할 수밖에
대통령 부정도 후자적 반응으로 늘 있어왔어
긍정이건 부정이건 잘만해봐, 부정 긍정으로 바뀌는 게 정치여

눈치는 10단쯤이어서

논객들 김정일 추모 2주기 행사때 김정은 표정까지 읽던데
정치평론 도가 트면 표정 읽는 관상에도 도가 트는갑데, 허긴
눈치 9단들이 정치꾼이니, 논하는 논객 눈치는 10단쯤이어서

생리에 해야지

북녘 김정은 두고 가혹 · 냉혹 · 잔혹, 혹자들림 비난이던데
권력엔 부모 · 형제간도 없는데 숙질간이야 말해 뭘해
가혹 · 냉혹 · 잔혹이 권력 생리인걸, 탓은 권력 생리에 해야지

부정 정부

국정원 댓글에 국군 사이버사 정치글에 대선개입 의혹 부정 못하는데
못면한 부정 책임지라 외쳤다고 외친 국회의원 제명 운운이라니
부정이 되레 부정으로 몰리는 한심한 작태의 부정 정부

가장냉혹이지

북녘 장성택 처형두고 가혹·잔혹·냉혹, 혹자돌림이던데
KTX 노조원 4천여명 생목숨 끊은건 무슨 혹자에 해당될까?
코리아 특허품 가혹·잔혹·냉혹 합성한 가장냉혹이지

살아 있었네

가난했던 시절 인사말 "진지 잡수셨어요?"
먹고 살만할 때는 "안녕하셨어요?"
헌데 파리 목숨만도 못한 요즘엔 "살아 있었네"

소통 · 불통

전직 총리, 다선 국회의원, 국가원로 모임 때마다
나랏일 걱정하며 바른소리 쓴소리 내뱉던데
그중 귀에 들어온 바른소린 소통, 쓴소리는 불통

선대쟁이 못 면한 모양이다

한밤중 잠깨 딴엔 장인솜씨라고 쓴소리 내놓는데
반응인즉 쓰도 달도 않는 듯
아직도 소금과 설탕 배합하는 솜씨가 선대쟁이 못 면한 모양이다

맛 봤으면

식상할 줄 모르는 질긴 북녘 궁금증
남녘에도 궁금증 빰치는 관심거리 다다, 그중에도 식상한
정치는 개 퍼주고, 구미 당기는 연예계 스캔들이나 맛 봤으면

불행이어서

한나라당 창당참여 젊은 엘리트들 당 비난 쓴소리
문제는 쓴소리가 당심이냐? 민심이냐?
당심이면 다행이지만 민심이면 불행이어서

못 면할 밖에

정국은 미로 속을 헤매는 출구가 보이지 않는 혼미
치닫는 정쟁은 치(寸)를 굽히고 자를 뻗는 그런 지혜가 절실
이러니 세상 온통 법이고 질서고 덕이고 후목분장 못 면할 밖에

※ 후목분장(朽木糞牆) : 다시 수습할 수 없을 만큼 무너진 것을 이르는 논어에 나오는 말.

답답 아녀

박근혜 정부 1년 평가 여·야 정반대
여는 잘했다이고 야는 잘못했다가 정답
명답은 답이 하나인 법인데 답이 둘이니 답답 아녀

불신의 종양 하나

새정부 출범 1년, 여는 잘했다, 야는 못했다 평가 달리하던데
잘잘못은 관심밖, 단하나 혹시나 하고 기대했던 복지 · 행복 空約 돼
혹시가 혹씨되어 혹으로 자라는 불신의 종양 하나

귀에 설어서

박대통령 재임 1년 중 최다 언급 창조경제, 다음이 국민행복
말씀마다 창조경제, 국민행복관 달리
글쎄올시다, 이젠 방언처럼 귀에 설어서

더 적절한 표현 같아서

한국 65세 이상 노인 3인 중 1인은 독거노인
체온 나눠도 춥고 시린 등 독거로 지낸다니
노인복지천국은 허사, 노인 고려장이 더 적절한 표현 같아서

굶어도 살 것 같네

청와대엔 불통·침묵이란 여과 없는 직설
여당엔 청와대 하부기관, 야당엔 허송세월이라고 쓴소리
쓴소리에 입맛 떨어지기보다 단소리 안들으니 굶어도 살 것 같네

잘못이나 아닐지

소주병 깨 찌른 죄엔 벌금형, 병으로 때린 죄엔 징역 1년 6월
어린이가 봐도 웃을 판결이 이 땅의 재판이니
아무래도 재판의 재자가 개자의 잘못이나 아닐지

따져 뭘해

대통령 불통을 자랑스런 불통이라 했다고 야 불통 아닌 분통
불통이면 어떻고 분통이면 어떻나, 불통 소통 돼도 들을 말 없고
분통에 핏대 세울 일 없으니 불통·분통 따져 뭘해

고고자허 불통이어서

KTX 민영화 불가라고 부총리 연일 외쳐대지만
정작 귀기울여할 철도 노조원들은 꼼수라고 외면
이럴 땐 나랏님 한 말씀이 딱인데, 고고자허 불통이어서

※ 고고자허(孤高自許) : 남이야 어찌 생각하건 자기만이 고결하다고 자부함.

발등에 안 될지

철마 발 묶여 교통대란, 수송불가, 생산차질, 재앙감인데
부총리 민영화 불가 녹음테이프처럼 틀고, 노조원 체포에만 혈안
교통도 불통, 정치도 불통, 이러다 불통 불똥되어 발등에 안 될지

되돌아오지 않을지

뉴스에 의하면 "안녕들하셨습니까"가 인사 아닌 불씨로 번진 듯
프랑스 · 영국 · 독일 등 서구 주요국 한국유학생들 부정선거 규탄
이러다 번진 불씨 "안녕들 못하시죠"로 되돌아오지 않을지

귀동냥이어서

새정부 1년, 대통령이 제일 많이 입에 올린 말 창조경제
여는 딱이 한말 없고, 야는 특검, 백성들은 불통
단 나랏님 말씀 외는 통계가 아닌 귀동냥이어서

착각하고 있어서

잔치가 끝나면 다중이 빠져나간 빈자리는 허전하다
거꾸로 풀면 빈자리 다중이 채워준다는 이치 다중 속의 개아
그것이 단독자, 그걸 고고자허로 착각하고 있어서

그래프 그림 볼 만할 판

박근혜 대통령 지지율 7개월 만에 40%대로 하락

하락이 뭐 그리 좋은 거라고 집권당도 동반하락에 야는 상승

문제는 안철수 신당이 집권당과 막상막하, 그래프 그림 볼 만할 판

뿔싸움해야 할테니까

중, 올해의 한자 나아갈 進, 태평양 향해 나아간다고 풀이

일본의 한자는 무엇일까? 섬것들이니까 섬 島자겠지

허면 한국은? 뿔 角자, 1년 내내 또 뿔싸움해야 할테니까

진담 되는 수가 있어서

정부, 철도민영화 괴담으로 규정, 불순세력 개입 의혹이던데
말대로라면 철도노조원 투쟁 괴담에 속아 놀아난 셈
글쎄, 문제는 괴담이 진담 되는 수가 있어서

넘어져서

군 사이버 댓글로는 부족했던지 고발·발고로 내홍
한 목소리로 울타리 쳐도 말이란 게 울타리 넘기 마련인데
고발·발고 두 목소리면 쇠울타리도 넘어져서

할 모양

1년 내내 백성들 입에 오르내린 화두 불통
그게 무슨 그리 좋은 거라고 철마도 따라 불통
사통오달 안가는 곳 없는 철마 불통으로 다리 꺾여 목발될 판

힘장사거든

공기업, 달리 풀어쓰면 공기 없음
국고에 구멍 뻥뻥 뚫어 빵빵한 공기 빼냈으니
공기 없으면 숨 못쉬고, 숨 못쉬면 죽어, 헌데도 공기업 힘장사거든

진실타령?

괴담 · 꼼수, 진실은 과연 어느 쪽일까?

공권력 투입, 노동운동 말살, 진실은 과연 어느 쪽일까?

진실이 통하지 않는 세상에 진실이 어디 있다고 진실타령?

허탕이냐? 허탈이냐?

민노총 본부에 철도노조 간부 숨어있을 걸로 믿고 경찰 투입
하루 종일 몸싸움 끝에 저지선 뚫고 옥상행까지, 헌데
정작 수배 철도노조원 부재, 허탕이냐? 허탈이냐? 허허, 허자돌림

셋 다지

한국인 영화 관람률 평균치로 세계 1위
문화수준 척도냐? 할 일 없어 시간보내기냐? 백수건달이 많아서냐?
세계 1위가 하나 가지고 되나, 셋 다지

때문이다

약속이란 이성으로 했느냐? 감정으로 했느냐에 따라 달라진다
이성의 경우 실행이, 감정의 경우 불이행이 더 많다
이성은 감정에 지배되지 않지만 감정은 이성에 지배되기 때문이다

명 시구 아닌가

뻑국 뻑국 뻑뻑국이 뻐꾸기 울음이 아니라고? 허면?
폭군 폭군 세상 비웃으며 한잔 술 갈증으로 토하는 산신령님 딸꾹질
시구야, 시 한수 읊거라, 폭군 폭군, 딸꾹 딸꾹, 명 시구 아니던가

※ 시구(詩鳩) : 뻐꾸기의 이칭.

그래서였던 것을

박 대통령 취임 후 1년 넘도록 기자회견 가진 적 없었다며
당당히 기자들 앞에 직접 나서라고 촉구했던데
꼬리에 꼬리를 무는 불통이란 말의 연유 그래서였던 것을

좌초된 셈

민노총 본부 공권력 개입 두고 논객들 비판일색
체포영장 제시 법대로 집행했으면 될걸 5천여 경찰 동원
법 두고 법 아닌 힘으로 밀어붙였으니 우가 좌에 좌초된 셈

중론들

청와대 · 대통령도 침묵, 대변인도 침묵
입담 자랑하던 홍보수석만 말매맞고 사면초가
대통령 직접 나서 설득으로 불통 소통함이 대통이라는 중론들

허허탄식이어서

한국노총 수색했다 철도노조 간부 부재로 허탕 친 헛발질
헛발질에 나가떨어진 허망 · 허심 · 허탈 허자 놀음
가가대소 아닌 허허가 절로 터져 나온 허허탄식이어서

믿을 게 못 돼서

민주노총에 이어 한국노총까지 노·정에 불참 밝혀
밝히면 어둠 몰아내야 하는데 되레 스위치 불통에 더 캄캄하기만
원전이나 탈 없으면 싶은데 그것마저 믿을 게 못 돼서

이치거든

북 내년 봄 도발 예상·가능성 점치는데 의견들 일치
일치 다음엔 이치인데 무슨 이치
예상이나 가능성은 믿거나 말거나가 이치거든

잣대 달리하는 원칙

원칙, 좋고요 좋고말고요, 헌데 원칙이란 게
유리하면 앞세우고 불리하면 부칙 앞세우거든
이헌령비헌령, 유·불리에 따라 잣대 달리하는 원칙

후목분장

한국 증권 상승률 OECD국가 중 최하위
하위였기 다행이지 상위였음 증권투자 붐에 경제질서 무너져
파괴의 정열은 창조의 정열이라던데, 혹여 후목분장 안 몰고 올지

※ 후목분장(朽木糞牆) : 다시 수습키 어려울 만큼 무너진다는 뜻.

외골수여서

원칙 없는 부칙 없고 부칙 없는 원칙은 외골수 못 면한다
이를 두고 링컨은 중요한 원칙들은 융통성이 있을 수 있고
또 있어야 한다고 했던데 코리아의 원칙은 외골수여서

독선뿐이다

집을 지탱하는 건 기둥만이 아닌 보·서까래 등이 필요하듯
법도 원칙만이 아닌 원칙을 지키기 위한 부칙들이 필요불가결
집도 법도 원칙만으로 지켜지는 경우는 독선뿐이다

•

박진환 시인은 전남 해남 출신으로 동국대 국문학과를 거쳐 중앙대 대학원을 졸업(문학박사)했다. 1960년 동아일보 신춘문예(詩)·1963년 自由文學(문학평론)으로 문단에 데뷔했고, 국제PEN한국본부 사무국장 및 이사, 한국문협 고문을 역임했다. 제9회 시문학상, 제3회 비평문학상, 펜문학상, 윤동주문학상 등을 수상했고, 한서대학교 교수 및 예술대학원장을 역임했으며 현재 월간『조선문학』발행인 겸 주간으로 있다. 중요 저서로는 시집에『귀로』,『사랑법』,『꽃시집』,『三行詩抄』Ⅰ~Ⅺ『諷詩調』,『박진환시전집』Ⅰ·Ⅱ·Ⅲ·Ⅳ·Ⅴ·Ⅵ·Ⅶ,『物神時代』Ⅰ·Ⅱ·Ⅲ·Ⅳ·Ⅴ,『동굴일지』Ⅰ·Ⅱ·Ⅲ·Ⅳ·Ⅴ,『2012년 8월』에서『2013년 7월』까지,『풍계집·1』에서『풍계집·25』까지 76권의 시집이 있고 평론집으로『한국현대시인론』,『현대시론』,『21C시학과 시법』등 다수와『한국시의 공간구조연구』,『21C 시학』,『시창작론』,『諷詩調詩學』외 다수의 역저가 있다.

•

조선문학시인선 376

諷詩調詩集·40

풍諷계戒집集·7

2014년 8월 20일 인쇄
2014년 8월 30일 발행

지은이 / 박진환
발행인 / 박진환
펴낸곳 / 조선문학사
등록번호 / 1-2733
주소 / 120-853 서울 서대문구 통일로 389(홍제동)
전화 / 02-730-2255
팩스 / 02-723-9373

ISBN 978-89-98115-66-1

정가 10,000원